(Par P.-L. Rœderer.)

(Par P.-L. Rœderer.)

DE LA PROPRIÉTÉ

CONSIDÉRÉE DANS SES RAPPORTS

AVEC LES DROITS POLITIQUES.

A PARIS,

IMPRIMERIE PORTHMANN,

Rue Ste.-Anne, n°. 43, vis-a-vis la rue Villedot.

1819.

DE LA PROPRIÉTÉ

CONSIDÉRÉE DANS SES RAPPORTS

AVEC LES DROITS POLITIQUES.

En 1793, il était d'usage de traiter la grande propriété territoriale d'attentat aux droits de la société ; maintenant on voudrait mettre à la mode de n'accorder l'exercice des droits politiques qu'à la propriété territoriale, et reléguer le propriétaire de capitaux, l'agriculteur, le manufacturier, le négociant, le médecin, le notaire, l'avocat, dans la classe des simples prolétaires.

On prétend qu'il faut un domaine foncier pour être citoyen, et que l'homme qui emploie ses capitaux à la fructification de la terre, et nourrit la société, comme celui qui emploie ses fonds à approprier les produits de la terre à nos besoins, qui nous loge et nous habille, n'est qu'un intrus dans la cité ; que les propriétaires territoriaux peuvent l'en chasser, quand ils le jugent à propos ; enfin qu'ils ne lui doivent qu'une protection de bienséance, tant qu'ils consentent à le laisser respirer au milieu d'eux !

Ainsi, nos villes maritimes, Marseille, Nantes, Bordeaux ; nos villes manufacturières, Lyon, Sedan, Louviers ; nos quartiers marchands de Paris, la rue Saint-Honoré, la rue Saint-Denis, le quai des Orfèvres, ne seraient peuplés que d'habitans qui n'ont pas plus de droits politiques que le porte-faix et le commissionnaire !

Ainsi, nos campagnes ne présenteraient que des habitans sans intérêt à l'ordre social, dans la plupart de ces fermiers, riches seulement en chevaux vigoureux qui labourent nos champs, en bestiaux qui nous fournissent de vêtemens et de chaussures, et en grains qui ensemencent nos sillons !

O extravagance de l'esprit de parti!

Entrons dans un sérieux examen de la question suivante :

Tous les genres de propriété ne confèrent-ils pas également les droits politiques ?

Ou les droits politiques ne sont-ils pas également attachés à tous les genres de propriété ?

Ou le droit d'élire et le droit d'être élu à la

représentation nationale, ne sont-ils pas attachés à la propriété d'un capital mobilier, comme à la propriété foncière ?

Cette question n'a rien de commun avec la mesure ou l'étendue de propriété qui peut être requise pour l'exercice du droit politique.

Comme nous voulons ici le triomphe de la vérité, et non celui d'une opinion, nous entrerons dans la question par l'analyse, nous en sortirons par un petit nombre de raisonnemens.

1. *A qui appartient le titre de propriétaire ?*

J'établis qu'il y a trois classes d'hommes à qui appartient également le titre absolu de *propriétaire*; savoir :

1°. Les propriétaires de fonds immobiliers, terres ou bâtimens ;

2°. Ceux de capitaux mobiliers, soit en argent, soit en outils ou marchandises ;

3°. Ceux d'un fonds d'industrie achalandée, tels que les ouvriers dans les arts mécaniques, menuisiers, serruriers, maçons ; ceux d'un fonds de talent et de doctrine éprouvés dans les professions savantes ; tels que les médecins, les notaires, les avocats, les hommes de lettres.

Les premiers s'appellent *propriétaires fon-*

ciers ; les seconds , *propriétaires de capitaux mobiliers* ; nous nommerons les troisièmes , propriétaires de capitaux employés en accroissement de leur propre valeur , et reproduits en nature de capitaux matériels dans leur pratique ou clientelle.

Remarquez qu'on n'appelle pas propriétaire de capitaux mobiliers , ou absolument propriétaire, celui qui ne possède que des meubles à son usage ou des marchandises pour sa consommation ; on n'appelle ainsi, que le propriétaire de *capitaux* en meubles , outils et marchandises, dont il tire un revenu. Ce qui distingue celui-ci du premier , ce qui rend le propriétaire d'un *capital* mobilier , quelque modique qu'il soit, plus important , sous le rapport politique , que le propriétaire de *grandes richesses* en meubles ou denrées destinées à son usage , c'est que ce dernier n'a qu'un intérêt de luxe ou de commodité à leur conservation , et qu'il a cent moyens de les soustraire au désordre le plus inattendu : au lieu que le propriétaire de capital mobilier, en attend sa subsistance journalière , et que pour l'obtenir , il est obligé de mettre une partie de ce capital sous les yeux de tout le monde, et l'autre partie dans des mains étrangères ; de sorte qu'il a grand intérêt à la permanence de l'ordre public.

Relativement aux propriétaires d'un fonds d'industrie, de savoir, de doctrine, prévenons des disputes stériles, par une explication précise du sens que nous attachons à ces mots.

Nous entendons qu'on se récrie sur cette expression, *un fonds d'industrie ou de savoir*; qu'est-ce, dit-on, que cette espèce de fonds ? Qu'y a-t-il de réel, de substantiel dans une industrie, dans une science quelconque ? Le mot de fonds, appliqué à la connaissance d'un art, à la possession d'une science, n'est-il pas une métaphore ?

Non. Ce mot doit être entendu dans un sens propre et physique. Un fonds d'industrie ou de savoir, est une créance pécuniaire affectée sur les besoins des consommateurs et par eux reconnue, créance originairement acquise par l'argent dépensé pour s'approprier cette industrie ou cette doctrine dont le public a besoin.

Ainsi l'origine du fonds dont il s'agit, est un capital en argent, et sa substance actuelle est une créance en argent sur des débiteurs qui l'avouent. Un exemple rendra cela très-sensible.

Supposons trois jeunes gens au sortir du collége; il échoit en même temps à chacun d'eux une succession, *un capital* de 20 mille francs.

Le premier dit : Avec mes vingt mille francs, j'achète quarante arpens de terre. Le voilà propriétaire foncier.

Le second dit : Moi, j'achète pour vingt mille francs de draps, et je loue une boutique pour le débiter. Voilà un capitaliste mobilier.

Le troisième dit : Moi, je vais à Montpellier, et là j'emploie mes vingt mille francs à étudier la médecine pendant quatre ans. Considérons ce qui arrive à ce dernier. Après ses quatre ans d'étude, il a consommé son capital de vingt mille francs ; mais il est devenu propriétaire de science ; ainsi son capital est fixé, placé en lui-même ; sa tête est vraiment meublée, enrichie comme le magasin de son camarade le marchand de draps ; enfin il est propriétaire d'un accroissement réel de ses facultés.

A la vérité, la valeur de son acquisition en savoir n'est pas déterminée, lorsqu'il revient de l'école. Représente-t-elle complètement les vingt mille francs qu'elle a coûtés, ou seulement en partie ? C'est une question ; mais le public va la décider. Le jeune médecin s'établit. Personne ne prend-il confiance en lui ? Les vingt mille francs sont perdus. Mais a-t-il du succès, les malades ont-ils recours à ses soins, acquiert-il de la célébrité ? Les vingt mille francs sont reproduits avec l'intérêt dans cette célébrité même : car qu'est-ce que la célébrité d'un homme qui exerce moyennant rétribution une profession utile ou nécessaire ? C'est une créance sur tous ceux qui ont besoin de lui. Cette créance est un *actif* dans sa fortune ; et la loi civile reconnaît cette propriété, puisqu'elle place les clientelles et pratiques, entre les objets qui se vendent et s'achètent.

Mais on demande à quoi l'on reconnaîtra cette transmutation d'un capital en idées et en connaissances ; comment on fera l'inventaire et l'estimation du savoir qui enrichit le cerveau d'un homme ?

La difficulté se résout d'une manière fort simple : ne pouvant estimer le capital conservé dans sa tête, nous le jugerons avec le public par ce qui en sortira, et nous jugerons ce qui sortira de sa tête, par ce qui entrera chaque jour dans sa poche.

Supposons qu'après dix années, nos trois jeunes gens se retrouvent. Ils s'informent réciproquement de leurs moyens d'existence. Voici le compte qu'ils se rendent :

Moi, dit le propriétaire foncier, j'ai bien loué ma terre ; j'en retire mille francs de rente, c'est cinq pour cent de mon capital.

Moi, dit le second, je tire trois mille francs du mien ; c'est-à-dire, mille francs, comme rente de mon fonds, mille francs comme salaire de mon travail, le surplus, comme indemnité des risques que court mon capital dans mon commerce de draps.

Et moi, dit le troisième, je n'ai ni terre, ni boutique ; on me juge passable médecin, j'ai de la vogue, et mon capital fondu en savoir, me rapporte trente mille francs par année.

Vous demandiez des signes apparens et palpables auxquels vous pussiez reconnaître le placement du capital de cet homme en lui-même ? Trente mille francs de recette annuelle pour prix de ses ordonnances ; voilà qui est apparent et palpable !

Mais, dites-vous, ce revenu aurait besoin lui-même d'être constaté ? Qui nous dit, qui nous prouve que ce médecin gagne trente mille francs, ou les gagne de son métier ? Voici ma réponse : je juge de sa recette que je ne vois pas, par sa dépense que nous voyons tous ; et je juge que sa recette provient toute entière de l'exercice de sa professsion, parce qu'il est notoire qu'il n'a pas d'autres fonds, et qu'il ne possède rien au monde que sa science.

Mais encore sur quelles notions estimez-vous sa

dépense? Je réponds : sur celles qui vous servent à vous-même pour asseoir vos impôts. Comptez-vous exempter de toute contribution, même d'une forte contribution, ce médecin qui occupe une belle maison, tient une bonne table, et fait ses visites dans un bon carrosse? Vous me répondez que non. Eh bien! je vous demande à quoi vous jugez qu'il doit payer une forte contribution, si ce n'est à sa dépense? Sa dépense est donc à vos yeux une présomption de son revenu, comme son revenu est une preuve du placement de son capital en lui-même.

Il y a plus. Les preuves de propriété qu'il présente sont bien plus sûres que celles de ses deux amis. En effet, le propriétaire de terre peut s'être endetté au-delà de la valeur de sa terre, et en être dépouillé demain ; le marchand peut avoir perdu son capital, être débiteur de toutes les marchandises étalées dans sa boutique, et voir tout à l'heure le feu à ses affaires : au lieu que mon médecin ne peut dépenser qu'autant qu'il gagne, et il ne peut gagner qu'autant que son capital est conservé en entier dans une tête saine.

Ces notions établies, nous allons essayer de

prouver trois propositions; la première, que tous les propriétaires dont nous venons de parler ont un droit exactement pareil à l'exercice des droits politiques, sauf les limites que l'intérêt-public peut opposer aux fortunes trop exiguës pour offrir une garantie.

La seconde, que les classes de propriétaires les plus intéressées à l'ordre social, sont celles des propriétaires mobiliers et d'industrie et de savoir.

La troisième, que ces classes ont encore sur celle des propriétaires territoriaux, l'avantage d'offrir à la chose publique plus *de moyens* de la servir.

II. *Que toutes les classes de propriétaires doivent entrer également en partage des droits politiques.*

Voyons d'abord ce qu'on avance pour réserver ce droit exclusivement au propriétaire de terre.

Le droit de cité est, dit-on, un attribut de la propriété foncière exclusivement. Celui qui possède une terre, une maison, a le droit d'en chasser tous les autres.

Si tous les propriétaires de la France,

ajoute-t-on, vendaient leur héritage, la France entière serait vendue : la France est donc à eux. Si elle est à eux, ils peuvent donc en chasser tout ce qui n'est pas eux ; ils sont donc seuls propriétaires de la France !

Certes, nous n'avouons pas que les propriétaires vendraient la France entière, en vendant chacun leur héritage, et que la France entière soit à eux.

D'abord, les propriétés dites nationales, celles dites publiques sont à tous ceux qui ont contribué à les acquérir et à les entretenir. Elles sont donc au capitaliste, comme au propriétaire foncier.

Secondement, nous nions que du droit de vendre le territoire, résulte le droit d'en chasser tout le monde. En effet, le droit de vendre sa terre n'est pas le droit d'en chasser son fermier. Tant que son bail dure, il est maître chez le propriétaire.

Nous nions que *du droit* qu'aurait chaque propriétaire de chasser arbitrairement son fermier, résultât pour tous les propriétaires *le pouvoir* de chasser tous les fermiers de la France. Propriétaires, qui croyez que tout dépend de vous, et que vous ne dépendez de personne, que feriez-vous, si tous les fermiers étaient chassés du Royaume, ou le quittaient ?

N'emporteraient-ils pas avec eux leurs capitaux d'exploitation? Ainsi, vous auriez des terres et point de charrues, des prairies et point de bestiaux, des granges et point de moisson! telle serait la conséquence inévitable du suprême exercice de vos droits? N'en parlez donc plus, puisqu'ils se réduiraient à la faculté de faire ce que vous n'avez pas la faculté de vouloir, tant que vous avez votre bon sens.

Nous nions enfin que les droits politiques dérivent uniquement des droits de la propriété foncière.

Nous repoussons d'abord ce principe, par l'absurdité des conséquences. Dans ce système, s'il plaisait à une *compagnie* de Paris d'acheter les maisons de Genève ou de Francfort, elle serait donc souveraine de Genève ou de Francfort! S'il plaisait à une autre d'acheter le canton de Glaris ou d'Appenzel, elle serait donc souveraine de ces deux cantons! Allez dire cela en Suisse, à Francfort et à Genève.

Pour qu'une Nation ait des pouvoirs politiques et que ses citoyens aient des droits à ces pouvoirs, il n'est pas nécessaire qu'elle possède un territoire; elle n'a pas même besoin d'être propriétaire du champ dans lequel elle ou ses représentans délibèrent. Les peuples nomades, les Tartares, sont souverains, exercent la souveraineté sous leurs tentes et dans les campagnes qu'ils parcourent à cheval ; les Génevois, les Francfortois, seraient souverains à Genève et à Francfort, quand ils ne seraient que locataires de leurs maisons.

Les économistes, qui regardent le propriétaire territorial comme seul en droit de participer au pouvoir politique, en ont donc donné une assez mauvaise raison, quand ils ont dit plaisamment avec Dupont de Nemours, *le charbonnier est maître dans sa maison ;* oui, s'il ne l'a pas louée à un autre ; et il est maître dans la maison d'autrui, si le propriétaire la lui a louée.

Si une propriété matérielle était un élément nécessaire des droits politiques, ce serait sans doute celle qui assure, celle d'où dépend la subsistance du peuple ; ce serait donc la propriété mobilière et non la propriété foncière. En effet, les hommes vivent du produit de la terre et non de la terre : donc, chez un peuple sans culture, le capitaliste qui peut acheter du blé, ou dans un pays agricole, le capitaliste qui peut exploiter la terre, est le plus important des propriétaires.

Et dans le fait, quels sont les grands propriétaires de subsistances en France ? Sont-ce les propriétaires du territoire ? Non ; ce sont les propriétaires des capitaux d'exploitation.

Les premiers ne retirent qu'un tiers du produit du sol. Les deux autres tiers sont au fermier. Le fermier est donc le grand propriétaire des subsistances nationales.

Enfin, comme les travaux des hommes ne sont dans la société que des équivalens les uns des autres ; de même les placemens de capitaux, soit en acquisitions de terres, soit en outils, ou en marchandises, ou en accroissement de valeur individuelle, ne sont que des placemens équivalens en utilité publique et particulière, et à la charge de viremens réciproques. Tous ces placemens donnent un droit égal aux produits du territoire ; le propriétaire, le fermier même, n'ont sur les autres propriétaires que l'avantage d'être les premiers possesseurs des subsistances à leur sortie de la terre ; et cet avantage même ne leur est assuré et garanti, que parce qu'on trouve dans leur intérêt, dans leurs besoins, dans leurs appétits, dans leurs fantaisies, une caution plus certaine d'une égale distribution des produits de la terre entre tous les propriétaires de capitaux, qu'on ne la trouverait dans le partage de la terre même.

Vous dites que la propriété territoriale est antérieure à la société, pour en conclure qu'elle est le lien des associés. Je conçois qu'on n'ait cultivé un champ qu'après l'avoir enclos, et qu'on ne l'ait enclos que quand on a été certain que la palissade ne serait point arrachée ; mais ce qui a précédé, et l'existence de la société, et celle de la propriété foncière, c'est la propriété mobiliaire. Comment un homme a-t-il pris possession de la terre ? En la défrichant, en la cultivant, en l'ensemençant. Mais avec quoi l'a-t-il défrichée, cultivée, ensemencée ? Avec un fonds mobilier, sans doute ; c'est donc la richesse mobiliaire qui est la première des propriétés, c'est donc elle qui est le fondement de toutes les autres.

III. *Que les classes de propriétaires les plus intéressées à l'ordre public, sont celles des propriétaires de fonds mobiliers, de fonds de savoir et d'industrie.*

Le propriétaire territorial est évidemment exposé à moins de dommage que tout autre par la subversion de l'ordre public ; donc il est moins intéressé que tout autre à l'ordre public.

Supposons des troubles continuels dans un état, pendant tout l'intervalle d'une moisson à l'autre, c'est-à-dire, pendant une année entière ; que peut-il arriver de pis au propriétaire ? Le

pillage ou l'incendie de sa récolte ; c'est-à-dire,
la perte d'une année de son revenu. Une émeute
de quelques heures suffit au contraire pour dé-
truire tout à la fois le revenu et le capital d'un
marchand , d'un manufacturier, d'un agriculteur. Or, comme le capital est ordinairement à
la rente, dans la proportion de cent à cinq ou
de vingt à un , il est évident que le capitaliste
mobilier , a vingt fois plus d'intérêt à la sûreté
des propriétés que n'en a le propriétaire foncier.

Il est sensible que la profession des arts libéraux
n'est lucrative, qu'autant qu'une sorte d'émula-
tion de dépense entre les riches, une certaine os-
tentation de libéralité , fruits de la sécurité générale et de la sécurité individuelle , permettent
d'attacher un grand prix à des productions de
luxe , et aux voluptés qu'elles procurent. Ils
ont donc un grand intérêt au bon ordre.

L'artisan , l'artiste , le savant , dans les temps
d'anarchie et de subversion , n'ont pas la même
ressource que les propriétaires fonciers à qui
le pillage ou l'incendie a enlevé une année de
revenu , celle d'emprunter en hypothéquant
leurs fonds. L'homme qui n'a point de gage
à offrir , n'a point de crédit ; il ne peut se passer de son travail de chaque jour , ni par con-
séquent

séquent de l'ordre public nécessaire à sa fructification.

Remarquez d'un autre côté que les atteintes
données à la propriété dans les temps d'anarchie,
commencent toujours par les magasins. Les dé-
clamations des démagogues contre les *riches*
propriétaires fonciers, produisent toujours, pour
premier effet, la ruine des médiocres propriétaires mobiliers ; toujours les provocations au
pillage des *hôtels* , amènent d'abord le pillage
des boutiques ; les provocations à l'incendie
des châteaux , sont toujours précédées du pillage des fermes. La raison de la *priorité* donnée
aux propriétaires mobiliers est très-simple ;
c'est dans leurs mains que se trouvent toutes
les consommations, et tous les objets de jouissances.

L'expérience de tous les temps , celle de la
révolution ne prouvent-elles pas aussi la pro-
position que la raison nous autorise à avancer ?
De quelles classes d'hommes ont été composées
à Paris la garde nationale de 89 et celle de
toutes les époques orageuses ? N'y a-t-on pas
vu cent propriétaires de fonds mobiliers pour
un propriétaire foncier ?

On objecte que le capitaliste mobilier ou
d'industrie peuvent fort bien être zélés pour

B

l'ordre public dans le pays qu'ils habitent, sans être pour cela attachés à ce pays ; qu'ils n'y sont retenus par aucun intérêt, par aucun lien ; qu'ils sont toujours prêts à chercher ailleurs la sécurité et le bonheur, quand ils ne les trouvent pas où ils sont ; au lieu que le propriétaire de terres est attaché au sol, au pays.

Cette objection se réduit à deux fausses suppositions.

La première, que le propriétaire s'attache à la terre, parce qu'il a le plaisir de contempler sans cesse ses moyens d'existence, et qu'il est d'ailleurs contraint de fixer son habitation là où est sa terre, parce qu'il ne peut la transporter avec lui.

- La seconde, que le capitaliste n'est attaché au pays par aucun intérêt.

De tous les propriétaires, celui qui repaît le moins sa vue de son bien, celui dont l'esprit est en général le moins occupé des chances d'amélioration ou de détérioration de son revenu, c'est le propriétaire foncier. Il loue ordinairement sa terre, et ne voit plus que son parc ou son jardin. Celui qui voit habituellement la terre, c'est l'agriculteur ; il y est donc le plus attaché, et par le spectacle qu'elle lui offre, et par les chances de sa fécondité.

Le propriétaire sans doute ne peut transporter avec lui sa terre ; mais il lui est fort aisé d'en transporter le prix, et il n'est rien de si facile pour lui que de la vendre à toute heure, à tout moment. Le fermier, au contraire, est attaché à la terre qu'il exploite ; il l'est par un bail ; il l'est par les avances qu'il y a faites pour la mettre en valeur. Le manufacturier, le marchand, sont obligés, comme l'agriculteur, d'avoir les yeux toujours fixés sur leur capital, soit qu'il reste entre leurs mains, soit qu'il circule ; ils ont, comme l'agriculteur, toujours des affaires commencées et des engagemens à acquitter ou à faire acquitter.

Non-seulement le propriétaire peut à toute heure vendre sa terre, mais partout il peut avec le prix qu'il en reçoit, en acquérir une autre ; son existence oisive peut se retrouver dans tout pays où il y a des terres. Vendre ce qu'il possède dans son pays natal, acheter un bien équivalent chez l'étranger, tout cela ne lui coûte que deux actes très-simples. Il n'en est pas de même du fermier, du manufacturier, du marchand ; changer de ferme, de fabrique, de négoce, changer seulement de boutique, à plus forte raison changer de pays, entraîne des pertes , et compromet même les fortunes mobilières les plus considérables.

Un propriétaire de terre n'a nul besoin pour s'assurer un revenu chez l'étranger de savoir la langue du pays qu'il adopte. L'homme d'industrie, le capitaliste mobilier ont, au contraire, un besoin absolu d'entendre les hommes avec qui ils veulent faire valoir leurs capitaux ou leur industrie , et de se faire entendre d'eux Le premier n'a nul besoin de connaître les mœurs du pays ni les personnes ; les seconds ont besoin et de connaître les personnes avec qui leurs affaires exigent qu'ils ayent des relations, et d'en être connus. Et de plus, il faut qu'ils connaissent les mœurs , les fantaisies même des consommateurs que leur industrie aura à satisfaire ou à solliciter.

Mais , dites - vous , au moins l'artiste et le savant n'ont rien qui les retienne dans leur pays. Un médecin, un peintre peuvent sans difficulté s'en aller chez l'étranger et y trouver des moyens de vivre comme dans leur pays.

Oui , s'ils sont des hommes célèbres; et je dis *célèbres*, car il ne suffirait pas qu'ils eussent des talens distingués , pour être reçus avec faveur chez l'étranger. Boherhave, Rubens, dans leur célébrité , auraient sans doute trouvé leur

fortune faite partout où il y aurait eu de la ci-
vilisation. Mais Boherhave et Rubens avant l'é-
clat de leurs travaux, auraient eu de la peine
à la faire ou à la faire hors de leur pays. La
gloire franchit aisément toutes les distances de
temps et de lieux ; mais le mérite ne franchit
jamais sans peine les distances qui séparent
l'obscurité de la gloire. Tous les médecins ne
sont pas des Boherhave, tous les peintres ne
sont pas des Rubens. Et enfin les grands peintres, les grands médecins, reconnus pour
tels dans leur patrie, y ont un si grand nombre d'amis, ils y ont nécessairement con-
tracté tant d'affections, qu'ils y sont peut-
être plus enchaînés qu'aucun autre citoyen. Il
est si naturel, si nécessaire de chérir des lieux
où l'on est honoré et chéri soi-même ! et enfin
quand les talens illustres auraient moins de
motifs d'attachement que les autres pour leur
patrie, serait-ce une raison de les en détacher
encore davantage par une exclusion offen-
sante ?

Qu'on nous dise au reste qui, du propriétaire
foncier ou du propriétaire mobilier et d'industrie, est resté le plus obstinément attaché à la
France pendant la terreur, époque où l'on n'a
pas moins persécuté l'un que l'autre ? Pendant

deux ans que la guerre a été ouverte contre tous les riches, même contre tous les fermiers et tous les marchands indistinctement, est-il émigré autant de fermiers et de marchands, qu'il est émigré de propriétaires fonciers en 1790 et 1792, temps où le Gouvernement ne persécutait personne ?

IV. *Que les Propriétaires de capitaux mobiliers et de fonds d'industrie ou de savoir, ont encore sur les Propriétaires territoriaux l'avantage d'offrir à la société en général et à l'État plus de moyens de les servir.*

D'abord, les propriétés territoriales tirent leur principale valeur des autres genres de propriété. Les produits de la terre ne sont pas un don gratuit de la nature à l'éminente prérogative du propriétaire. La nature n'accorde la reproduction qu'au travail de l'homme et à ses épargnes. Ce n'est pas celui qui possède la terre qui la rend fertile ; c'est celui qui *l'épouse*. Le propriétaire ne représente que le *défricheur* de son champ, qui en est, si l'on veut, *le père*, et qui l'a dotée par le capital employé au défrichement. Mais c'est le fermier qui fait valoir la dot en y associant ses propres fonds ; c'est lui seul qui, par des soins assidus, sollicite la fécondité de cette terre à laquelle il s'est uni ;

c'est lui seul, c'est son amour pour elle, ce sont les précieuses avances qu'il verse dans son sein, qui en obtiennent chaque année les fruits doux et abondans que nous partageons avec lui.

Les capitaux des arts, ceux du négoce, les fonds d'industrie que les manufacturiers et les artisans employent à façonner les produits de la terre, pour les approprier à nos besoins ou à nos goûts, ne sont-ils pas d'une évidente nécessité pour la fructification et l'entretien des travaux agricoles ? N'est-ce pas cette classe de propriétaires qui, par la variété de ses ouvrages, sollicite sans cesse à de nouvelles jouissances, provoque chaque jour de nouvelles fantaisies, fait naître de nouvelles habitudes, de nouveaux besoins, en un mot, excite, étend, entretient la consommation ? Or, sans la consommation, que deviendrait, à quoi servirait la production territoriale ? A quoi servirait la propriété foncière ?

Un état qui possède un grand fonds d'industrie manufacturière, ne met-il pas à contribution les terres des peuples sans industrie, et ne sait-il pas, s'il le veut, se passer de la culture des siennes propres ? La Hollande n'a-t-elle pas vécu long-temps des blés de la Pologne, avec qui elle s'acquittait en velours et en ratines ? La Pologne n'a-t-elle pas toujours nourri autant de Hollandais et d'Allemands que de Polonais ?

Qui peut donc contester que les manufactures, les arts, le commerce, ne tiennent l'agriculture et la propriété territoriale dans leur dépendance ; que non-seulement les propriétés en capitaux qui sont le matériel des arts, mais aussi *l'acquis*, le savoir, qui sont l'esprit de chaque art, ne soient d'une importance au moins égale à celle des fonds territoriaux ? Et serait-ce aller trop loin que de comprendre aussi dans les classes d'une utilité sensible, et *matérielle*, les hommes voués à la défense des lois qui maintiennent l'ordre social, et même ces esprits élégans et gracieux qui, faisant sentir et goûter mieux les délices de la vie civilisée, font rechercher davantage tous ces produits de l'industrie et du talent, qui ne sont qu'une transformation des produits de la terre.

Voilà ce qui regarde la société en général.

Voici ce qui concerne l'Etat.

L'Etat ne subvient aux besoins publics, ne fait les dépenses publiques, qu'avec de l'argent.

Les propriétaires de terres ne sont pas les

seuls qui fournissent de l'argent à l'Etat, puisqu'ils ne payent que le tiers ou moitié des impôts.

Les propriétaires de terres ne tirent l'argent qu'ils fournissent à l'Etat que de leurs fermiers, *propriétaires de capitaux mobiliers.*

Les fermiers eux-mêmes ne tirent l'argent que des consommateurs ; et qui sont ces consommateurs ? Ce sont non-seulement les propriétaires fonciers, mais aussi les propriétaires de toutes les classes , et leurs salariés, à qui ils donnent en paiement de leur travail journalier de quoi payer leurs consommations.

Les besoins de l'Etat qui sont l'objet de ses dépenses, ne peuvent être satisfaits que par les propriétaires d'industrie et de savoir, et le propriétaire foncier ne lui est, à ce titre, d'aucune utilité.

Ce n'est pas le propriétaire foncier, c'est le propriétaire agricole qui fournira le pain à vos troupes. C'est le propriétaire manufacturier qui leur fournira l'habillement, le linge, la chaussure. Ce n'est pas le propriétaire foncier, c'est un capitaliste, c'est un entrepreneur de maçonnerie, qui vous construira des casernes et des magasins, qui relèvera vos remparts, et bâtira vos citadelles.

L'Etat doit la justice aux citoyens : est-ce la propriété foncière qui infusera la science du droit aux juges ? Est-ce la propriété foncière qui donnera des avocats aux plaideurs ?

L'Etat a besoin d'un commerce ; est-ce la propriété foncière qui construit, équipe, manœuvre les vaisseaux ?

L'Etat est ravagé par des épidémies ; est-ce la propriété foncière qui parcourt les campagnes, pénètre dans les foyers pestilentiels et affronte la mort pour sauver les malades ?

L'Etat est en guerre : un revers étend sur le champ de bataille des milliers de Français mutilés ; est-ce la propriété foncière qui va recueillir les blessés sur ce champ de bataille, les panse, les conduit aux hôpitaux, et s'y établit au chevet de leur lit ?

Sans les capitalistes de tout genre, l'Etat ne peut obtenir aucun des services nécessaires à ses besoins ; il ne peut même obtenir l'argent nécessaire pour payer ces services, que des capitalistes qui versent immédiatement au Trésor public, et qui fournissent au propriétaire foncier celui qu'il y verse comme les autres. Et ces capitalistes seront sans droits à l'exercice des droits politiques ! Ils seront réputés étrangers à l'ordre social , et exclus comme tels du droit de concourir à son maintien !

Ah! nous avons trop d'obligations au bon esprit de nos commerçans, à l'esprit et au courage de notre barreau, au noble caractère des hommes de lettres véritablement dignes de ce nom , pour vouloir qu'on les réjette parmi les prolétaires.

La constitution ne peut être solidement établie, si la Chambre des Députés n'est, comme en Angleterre, composée de propriétaires fonciers de tout rang, mais surtout de négocians considérés et d'avocats célèbres.

Montesquieu, qui a soigneusement étudié la constitution anglaise, a distingué avec la précision qui lui est propre, toutes les pièces de cette machine politique : mais Pinckerton lui reproche de n'avoir pas remarqué ce qui en fait la vie et en assure le mouvement régulier. Cet écrivain voit le principe de vie de la constitution anglaise, son *flatus vitæ*, dans l'assentiment général du peuple anglais aux décisions de sa Chambre des Communes, assentiment qui naît essentiellement, dit-il, *de la chaîne sympathique qui la lie graduellement à tous les rangs*, et assurément cette observation mérite d'être approfondie.

En Angleterre, les rangs les plus nombreux, ceux dans lesquels vont se confondre tous les autres, sont le commerce et le barreau.

Le commerce est la condition générale d'un Etat maritime, où il n'y a réellement d'autre noblesse qu'une magistrature héréditaire par droit de primogéniture, et qui laisse dans l'état commun toutes les femmes et tous les enfans des lords mêmes, hormis un seul, qui est l'aîné de la famille. Le commerce est l'état naturel d'un tel pays, parce que les jouissances, si l'on veut même les distinctions attachées aux grandes fortunes, sont les premières qui excitent les désirs après celle d'un grand pouvoir.

Le barreau est aussi une carrière honorée, et qui doit l'être chez un peuple commerçant, parce que le commerce est de toutes les conditions, sans en excepter celle du propriétaire de fonds territoriaux, la plus délicate sur les droits de la propriété, de la liberté, de l'égalité, la plus incapable de souffrir l'arbitraire dans l'administration de la justice, comme de le souffrir dans la formation des lois.

La sympathie qui, en Angleterre, lie la Chambre des Communes à la Nation anglaise, est donc essentiellement la composition de cette Chambre, qui y fait entrer l'esprit du commerce et les talens distingués au barreau.

Nous avons assez dit que nulle condition n'a plus besoin du respect pour la propriété, que le commerce, où les fortunes consistent en capitaux qui s'emportent et se cachent ; en capitaux toujours placés en grande partie dans les mains d'autrui ; en capitaux divisés en petites parties. Mais nous demanderons ici quelle condition a plus besoin de liberté que celle où le moindre obstacle à la faculté d'aller et venir, gêne, retarde, fait avorter, fait tourner à préjudice les spéculations les plus importantes ; que celle où la moindre incertitude sur la liberté personnelle fait perdre au négociant le plus honnête, son crédit ; ou le détermine à retirer lui-même le crédit qu'il fait à un père de famille menacé de quelque persécution ?

Ignore-t-on que c'est au commerce que l'Europe entière doit son affranchissement ? Que ce fut dans le treizième siècle, la ligue anséatique, composée de quatre-vingts villes, entre lesquelles la France en comptait sept des siennes, qui a mis la tyrannie féodale dans l'alternative de respecter la liberté et la propriété, ou de renoncer au secours des arts et du commerce ?

Et sans parcourir la longue suite des temps écoulés depuis le treizième siècle jusqu'à nos jours, ignore-t-on que c'est à la censure vigoureuse par laquelle le commerce de Paris répondit aux plaintes de la finance affamée, que nous avons dû, en 1815, le relâchement de l'affreux système de terreur qui avait fermé toutes les bourses et rendu même la perception des impôts impossible ?

S'il est une profession qui doive partager avec le commerce, l'honneur de la conversion qui date de 1815, c'est celle du barreau. Nous avons vu des Jurisconsultes énergiques, repousser victorieusement du sanctuaire de la justice, les passions qui tentaient d'y introduire l'arbitraire des coups d'Etats; leurs voix éloquentes ont rendu aux citoyens de l'assurance, ont affermi le magistrat dans sa dignité, ont rendu au Gouvernement la force dont il avait besoin contre la plus insolente faction.

Qu'on cesse donc de répéter cette misérable question : *Quelles conditions faut-il remplir pour être avocat ?* Question à laquelle on se hâte de répondre, *aucune*, pour en conclure qu'un avocat n'apporte avec lui aucune garantie. La question n'est pas de savoir ce que l'Etat peut attendre *d'un avocat*, mais *d'un avocat distingué ?* Un avocat distingué est un citoyen qui a consacré au maintien de la propriété et de la liberté un beau talent pour la parole, un profond savoir, une haute probité, un courage énergique, et dont l'éloquence vertueuse a obtenu des triomphes avoués par la justice et partagés par tous les gens de bien.

Quel propriétaire de terre aura l'imprudence de mettre en balance avec les services rendus par un tel homme à la propriété, l'étendue de ses domaines et la magnificence de ses châteaux ?

Quel propriétaire de terre osera soutenir que son vaste domaine offre plus de gages à la liberté, que n'en offre le défenseur habituel de la liberté, le jurisconsulte constitué dans cette fonction par l'usage quelquefois périlleux de la première de toutes les libertés, celle de la conscience, de la pensée, de la parole? A qui appartient-il de se dire jaloux de la liberté du talent et des lumières, si ce n'est à celui qui la possède à un degré éminent, qui a tiré de leur développement, sa gloire et sa fortune dans les circonstances les plus effrayantes pour toutes les fortunes et toutes les gloires ; si ce n'est celui qui peut se dire *le noble pair* de tous les hommes de talent, de doctrine, de vertu, dans toutes les carrières ?

***

CONCLUSION.

S'il est prouvé que tous les citoyens qui possèdent un capital servant à l'exercice de quelqu'industrie, ou un fonds de savoir employé dans une profession lucrative, sont des *propriétaires* aussi bien que les propriétaires de terre ; s'il est prouvé que ces premiers ont au moins autant d'intérêt que ceux-ci au bon ordre dans leur pays, et autant de motifs d'attachement pour leur patrie ; s'il est prouvé enfin, que la nature même de leur propriété leur donne plus de moyens que n'en peut offrir la propriété territoriale, pour le service de la société en général et de l'Etat en particulier, il est évident que tous doivent jouir de la plénitude des droits politiques, en concurrence avec les propriétaires

territoriaux, et aux conditions qui seront im-
posées à ces derniers. J'ai dit.

P. S. — Sur quinze personnes peut-être qui
auront la constance de lire cet écrit avec un peu
d'attention, dix y verront beaucoup de para-
doxes. Cependant, je pourrais prouver que ce
qu'ils appelleront ainsi, est authentiquement
reconnu et consacré par l'autorité publique,
dans quarante-quatre mille volumes, répandus
dans nos villes et dans nos villages, et dont les
possesseurs ne cessent de frapper à la porte des
propriétaires à qui l'on croit pouvoir le plus
justement refuser ce titre.

Ces livres sont les rôles *des contributions directes*, où il ne se trouve pas une cotte, pas
une ligne qui ne soit établie sur la supposition
d'un revenu, c'est-à-dire *du produit d'une propriété* ; et c'est en quoi les contributions directes
diffèrent des contributions dites indirectes, qui
n'admettent point de répartition et affectent
également *les revenus* et *les salaires.*

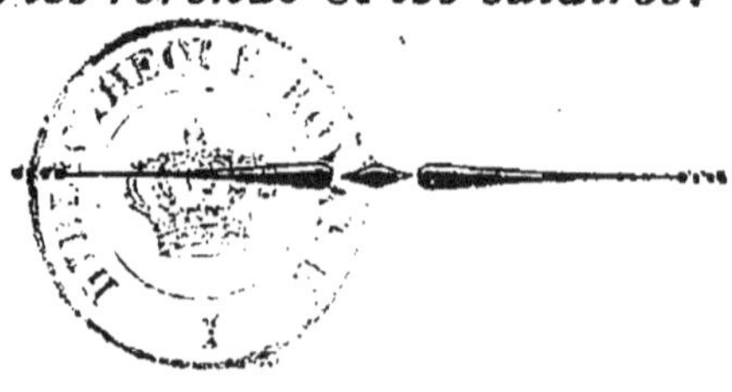

www.ingramcontent.com/pod-product-compliance
Lightning Source LLC
Chambersburg PA
CBHW061115050726
47594CB00005B/1945